JN085010

# 生きるのが楽しくなる死の質問

マツダミヒロ

鴨ブックス

# はじめに

じいちゃんは、もういない。

中学生3年生の夏休み、受験の時期にもかかわらず大怪我をして入院をしてしまいました。
親からはとても怒られたのですが、そんな中、じいちゃんが毎日看病に来てくれました。

幼い頃から、いつも怒ってばかりいたじいちゃんは、ぶっきらぼうではあったものの、

「果物買ってきて！」
「ゲーム持ってきて！」

と、ぼくのわがままなリクエストにも

イヤな顔一つせずに、病院に面倒を見に来てくれたの

です。


じいちゃんは、車の運転はできなかったので自転車で

来てくれていたのですが、

家と病院は自転車だと1時間もかかります。そんな距

離にもかかわらずぼくのために。


入院は2ヵ月にも及び、ぼくの中学生最後の夏休みは

じいちゃんとの思い出しか残っていません。

退院する頃には、この時間が終わるのが寂しいくらい

の気持ちでした。


いつかきちんと、じいちゃんにお礼を言おうと思って

いたのですが、恥ずかしいからかなかなか言えず、結

局、お礼を伝える前に、亡くなってしまいました。

身近な人が亡くなったのが初めてだったので、そこで初めて「死」を意識しました。

「ちゃんとお礼を言いたかった」そんな後悔の念がぼくの中に生まれた瞬間でもありました。

「死」と「後悔」はセットになりがち。
死を考えるということは、後悔をしない生き方をするということでもあります。

それからは、
「今日、後悔しないために、どう過ごそうか？」
という問いのもとに生きています。

そうすることで、今日という日を真剣に生きて、自分にとっての理想の人生を過ごすことができるからです。

本書では、これからの人生を楽しく生きるため、死をテーマにした質問を用意しました。
質問に答えることで、真剣に生き方と向き合って、今日という日を、そして人生を、悔いなくあなたらしく過ごすことができますように。

マツダミヒロ

目次

CHAPTER 2

# 死があるから、
# 今を生きる

# CHAPTER 3

# 生 と 死 の 境 界 線

CHAPTER 4

# 生きることへの覚悟

# 後悔しない
# 生き方

質問 1

# どのように
# 死にたいですか？

〜〜〜〜〜〜〜〜〜〜〜〜〜〜〜〜〜〜〜〜〜〜〜

ぼくはプリンが好きです。

旅先で、地元でも有名な美味しいレストランに行った
時、
食後のデザートのメニューに、大好きなプリンがある

ことを発見しました。

でも、食事を食べ過ぎちゃったから……と、プリンを注文しませんでした。

ホテルに戻ってくると、美味しいレストランだったなと思うとともに、

「あぁ、やっぱりあのお店のプリン、一口だけでも食べておけば良かった」

という思いが湧いてきます。


このような時、実はぼくたちの意識には、「後悔」が芽生えています。


たかがプリン。食べる・食べないという、

その程度の日常のささいなレベルであっても、

ぼくたちは自分の選択次第で、

後悔の念を人生に残してしまうのです。

ぼくたちの日々の生活は、選択の連続です。

裏を返せば、選択できるという自由があるわけですが、

みずからの選択次第では、後悔を生んでしまいます。

だからこそ、ぼくは常に、

「後悔のない選択をしよう」という心持ちで過ごすよ

うにしています。

後悔のない選択をすることを、1日の心持ちとして過

ごすと、

新たな質問が生まれます。

「本当に選びたいのはどちらかな？」

「人の意見に左右されず、自分はどんな選択をしたい

かな？」

この答えの深いところには、

「どのように生きたいかな？」

という、究極の質問が隠れています。


ぼく自身、この究極の問いを自分に投げかけると、

「後悔がないように生きよう」

という答えが湧いてきます。


だから、自分のその答えに対して、

忠実に日々を過ごすようにしています。


実際、今、人生が終わったとしても、

後悔は基本ありません。

常に自分の好きなこと、したいことを選択して生きて

いるからです。

だからこそ、いつ死がやってきてもいい、と思っています。

そういう意味でも、

死と生は、表裏一体。

死を問うことは、生きることについて問うこと。

その逆もしかり。

死についての答えを探すと、

きっと、生きることへの答えが浮かび上がってくるでしょう。

日常の
ささいな選択に
生き方のヒント
がある

質問2

# ムリをしてまで、
# やらなくていいと
# 思うことは
# ありますか？

今、もしも人生が終わっても、

悔いがないと、

ぼくが言い切れるのは、

30代になって、今の活動にシフトしたことで、

考え方が変わったからです。


20代の頃は、若さもあって、"死"について考えてい

ませんでした。

つまり、死の裏表である"生きる"ことについても、

真剣に向き合っていなかったのです。


「どう生きたいか」「どう死にたいか」

ではなく、

「もっともっと、発展したい、成長したい」

という"欲"ありきの思考でした。

しかし、"もっともっと"の精神では際限がなく、満

たされることが永久にないと悟ります。

際限がないものを追いかけても、もったいない。
だったら、"今"にフォーカスしたほうがいい。

そのマインドにシフトしたことで、
仕事も活動も方向転換し、拡大・発展思考から、
後悔なく生きることがモットーになりました。

「後悔なく生きたいと思っていても、"もう少しアレを
やりたかったな"と思うことがたくさんある」
という人もいるかもしれません。

ぼくも以前はそうでした。
でも、後悔しないように生きることを大切にし、
そしてムリはしないと決めています。

別の言い方をすると、“あきらめる力”を活かして、
「これはムリしてまでやらなくても悔いはない」と、
割り切って判断しています。

なぜなら、自分を大切に思っているから。
ムリをして苦しい想いをしてまで、それをする必要が
あるのかな？
と、考えるようにしています。

「後悔しないためにコレをしなきゃいけない」
「幸せにならなければいけない」
となると、執着を生んでしまって、より苦しくなって
しまいます。

やらないと後悔するからやる行動は、自分にとっては
ムリしていることになりません。

時には、がんばる必要があるかもしれませんが、

天秤にかけた時、後悔したくないという気持ちが強い

のであれば、それを優先するようにしています。

そうしないと、もし今、死を迎えてしまったら悔いが

残るからです。

# ムリはしない
# "あきらめ力"

質問3

# 死ぬまでにしないと後悔するようなことをどうすればできるようになりますか？

ぼくは今、1年のうち300日は、海外でいくつかの好きな街に滞在しながら暮らしています。

その話をすると、講演家や作家として活躍している友人から、

うらやましがられることが多いのですが、同じように実践される方は多くありません。

大活躍されている方ばかりですから、経済的にできないわけではない。

では、なぜ実践できないのかというと、二つの理由が挙げられます。


一つ目は、本当は、やらなくてもいい。

二つ目は、本当にやりたいんだけど、できないと自分で思っている。


以前のぼくは、まさに二つ目のように「できない」と

思っていたので、実行できませんでした。

実行はまだできていないけど、このままでは絶対に後悔する。

そこで、「やる気」や「気付き」を引き出す『魔法の質問』の中でも、特にぼくの好きな問い「どのようにすれば？」を自分に投げかけることにしたのです。

お金が潤沢になったから海外移住できるとか、憧れのライフスタイルができるような環境が整ったからできる、ではなく、

「どのようにすれば？」という問いに、ひたすら答えて実行することにしました。

具体的には、まず一歩を踏み出して、

実際に憧れの海外の地に行くことにしました。

それから、「"どのようにすれば" これを続けられるだろう」

と考えて、答えを出し続けたのです。


その結果、たとえばビジネスモデルを変えたり、チームの働く環境を変えたりなど、

あとから調整して、今のスタイルにたどり着いたという経緯があります。


この経験から、

やろうと思えばできることだけど、やり方を考えるに至っていないことが、意外にもたくさんあることに気付かされました。


あなたにも、思いあたることがあるでしょうか？

ぼくの場合は、実際に海外に行ってから、

どうしよう、うまくいくかな……と、ある意味、追い

込まれた状況だったからこそ、

理想のスタイルを続けるためのひらめきと行動につな

がったのだと思います。


人には、切羽詰まらないと出てこないアイデアと行動

があります。

たとえば、企業の社長さんから、

「給料日の２、3日前になって数百万円集めました」

という話をよく聞きます。

前月の給料日の翌日から動けば同じ金額を集めること

はできるのでは？　と、冷静に思ったりもしますが、

社員の給料を支払えるかどうか、瀬戸際な状況に追い

込まれたからこそ、できることがあります。

ぼくも経験があるのでよくわかります。

だからぼくは、海外にまずは行くことで、追い込まれ
る状況を自分で作ることにしたのです。

これをやらないと後悔する！　と思うことに対しては、
実際にやってみる状況を作ることで、
実現させることができると信じています。

導き出されるもの

# "どのようにすれば？"
# の問いが
# 行動力を生む

質問 4

# どこで死を
# 迎えたいですか？

人が死を迎える時の状況や環境はさまざまですが、

突然、死がやってくる場合もあると思います。

もしあなたが、突然、死に直面したら、

今の環境に身を埋めたいと思えますか？

「いつか、あの場所に住みたいな」

「いつか、あの会社で働きたいな」


そう思いながら、あまり好きではない場所に住み続け

ていたり、

お給料をもらうだけで、好きではない会社で働き続け

ているのであれば、

そこで人生を終えてしまっては、後悔が残ってしまう

のではないでしょうか。


どこに身を置くか。

これを考えると、生き方も変わりますが、人とのかか

わり方も変わります。

さらに、生きている人生をいかに幸せにできるかにも

つながります。

ですので、本当に今いる環境で死を迎えてもいいのか、
自分自身に確認してみましょう。

漫才師や芸人さんが、
「舞台に身を埋めたい」と表現するのを聞いたことが
ありますが、
まさにその発想が、今をどう生きるかにかかわってく
ると思うのです。

文字通り舞台で死を迎えるという意味ではなく、
舞台にこだわり続けて、最期まで生きるかどうか。

そう生きることができると、自分にとってハッピーな
生き方ができるはずです。

ここに身を埋めてもいいと思える環境に1日も早く身

を置くことができたら、

自分の人生を幸せにする生き方ができます。


ちなみに、ぼくの場合は、物理的な土地でいうと、

国内外の土地をルーティーンで１年間かけて移動して

いるのですが、

そのルーティーン上の土地であれば、どこに身を埋め

てもいいと思っています。

もし違う土地で死を迎えることになったら、

「あぁ、やっぱり大好きなあの場所が良かった」と、

大きな後悔の念を、その地に残してしまうことになる

でしょう。

その土地にまで悪影響を及ぼさないように、

最期の時を迎えたいです。

導き出されるもの

# 自分にとっての
# ハッピーな生き方

質問 5

# 死ぬ直前に
# 何をして
# いたいですか？

仮にあなたの死期がいつなのか、

わかったとしましょう。

あと数ヵ月後に、この世を去るとわかったら、

その時にやりたいことはありますか？

その時に話したい人はいますか？

その時に大事にしたいことはありますか？


これを、今のうちから大切にすることで、

今をどう生きるかが変わります。


死期がわかっている場合は、

その日に照準を定めて、今のうちからできることがあ

りますよね。


ほとんどの人は、自分の死期がわからないと思います

が、わからない場合でも、同じように考えることがで

きます。


死の直前に何をしていたいかに想いを巡らせてみると、

どんな答えが浮かんできますか?

一生に一度の特別な体験をして死を迎えたい!　という人もいるかもしれませんが、
意外にも特別なことではなく、幸せな日常のひとコマが浮かぶ人が多いのではないかなと思います。

ぼくもそうです。
家族や仲の良い大好きな人たちと、美味しい食事をしながら、
楽しくおしゃべりして、
その直後にパタッと死を迎えられたら、最高だなと思うのです。

この答えが導き出すのは、あなたが人生で一番大切にしたいこと。

特別なことを特別なままにして、死の直前までとって

おくのは、

人生がもったいないなと感じます。

死の直前にこれができたら最高だなということを、

今のうちからやっていくと、

最高な人生を過ごすことができるでしょう。

導き出されるもの

# 特別だと思えることは、今、できる

質問 6

# 死ぬまでに したいことは 何ですか？

● いつ、しますか？

● なぜ、したいのですか？

「エンディングノート」という言葉を聞いたことがあるでしょうか。

エンディングノートとは、これまでの人生を振り返り、家族などに伝え残しておきたいことをまとめておくノートです。

このエンディングノートを作るまでいかなくても、死ぬまでにしたいことをリスト化しておくと、確実に生き方が変わります。

このリストを作る時に大切なのが、リストに挙げたことを「いつするのか」。

加えてもう一つ、大切なことがあります。リストに挙げるくらいですから、今は、できていないわけですよね。

なぜ、今、できないのでしょうか。

その理由を突き詰めていくと、
自分の中にある隠れたブロックが出てきます。
そのブロックがある以上、
「やりたくても、自分にはできない」
と思い込んでしまって、いつまで経っても実行することが難しいのです。

こんな隠れたブロックが、自分にはあったんだ。
そう気付くだけで、多くの場合、意外にも簡単にブロックは外れます。
それができると、実行に移すことができるでしょう。

知人から聞いて、興味深いなと思った話があります。
世界的にも有名な楽器メーカーが作るギターの購入者

は、

圧倒的に中高年層が多いのだそうです。


それはきっと、子どもの頃や10代の頃にギターを弾きたかったけどできなかった、

いつか弾けるようになりたいと思っていた、

または高級なギターを買うことができなかったという、

若き自分の願いを、大人になってから叶えているのでしょう。


仕事も家庭も落ち着いた年齢になって、

「オレ、ホントはギター弾きたかったんだよな」

と思い出して、自分のやりたいことを叶える。

これは、無意識にも、少しずつ死に向かっていることを感じているゆえの行動なのかもしれません。

「ホントはギター弾きたかったんだ……」という悔い

を残さないために。

命ある今のうちから、自分のために、
リストを一つひとつ叶えてあげましょう。

導き出されるもの

# 隠れたブロックを
# 解除しよう

# リストを叶えるための効果的な方法

「死ぬまでにしたいこと」リストを叶えるために、効果的な方法があります。

それが、

手帳に書き出す

です。

これは、以前ぼくが実際にしていた方法ですが、

来年の手帳を用意して、来年の理想の行動を手帳に書

き出します。

すでに予定を書き込んでいるので、実際にその手帳を

スケジュール帳として使うことはできませんが、書き

出すことで、ほとんどの予定が実現していきます。


通常、手帳やカレンダーアプリには、現実的な予定し

か書かないですよね。

だからこそ先に叶えたい予定を書き込むと、「これは

現実にする予定なんだ」と、自分で認識する。

結果的に、実現するような考え方や行動ができるよう

になっているのです。


たとえば、「死ぬまでにしたいこと」リストに、

「富士山に登る！」

と挙げていたとします。

手帳に書き込むにあたり、いつ達成したいかを、

適当な日付でいいので手帳のカレンダーに入れてしまいます。

そうすると、その日程に合わせて、現実的な準備ができますよね。

たとえば、有休をとる、登山に必要な服装やグッズを揃える、登山に大切な心得を学ぶ、前後の宿を手配する、などなど……。

実際に書き込むことで、自分の中でスイッチが入るので、

富士山の山頂までたどり着く現実が実現するでしょう。

今の時代は、書き込む手帳を使わずに、アプリだけでスケジュールを管理している人も多いですよね。

スケジュール帳としては、それでも充分なのですが、

「死ぬまでにしたいこと」リストには、

実際に書き出す手帳やカレンダーが、より有効かもし

れません。


ぜひ、来年の手帳は1冊多めに用意してみましょう。

質問7

# 死ぬ直前、
# 誰に
# 感謝したいですか？

死が間近に迫った時、

誰の顔が思い浮かんでくるでしょうか。

きっと、本当に感謝したい人たちの顔が出てくるはず

です。

死とは、しがらみが絶たれる瞬間。

だからこそ、生前は面と向かって言えなかったけど、
「ありがとう」
と伝えられる瞬間でもあると思うのです。

たとえば、離れて暮らす親の顔が浮かぶかもしれません。
ケンカ別れしてしまって、連絡が途絶えていた昔の親友の顔が出てくるかもしれません。

そういう人たちに、"今"、感謝を伝えようとしても、プライドがあったり、照れもあったり、感情が邪魔をしたり、

今後の関係性を考えると面倒くさいなと思ってしまっ
たりと、

なかなか改まって感謝を伝えるのは難しいもの。

しかし、"死ぬ"直前であればどうでしょうか。

きっと、本当に感謝したい人たちに気持ちを伝えよう
としますよね。

もし伝えられないままこの世を去ったら、それこそ悔
いが残るかもしれません。

その人たちに、思い切って、

今、感謝を伝えてみましょう。

ぼくの中にも、感謝を伝えることへの隠れたブロック
がありました。

それは、両親に対してです。

以前のぼくは、親とは距離があってクールな関係でした。

親の声を聞くのは、業務連絡のみ。

ありがたみを実感することもなく、17年間ほどはあまり話すこともありませんでした。


そんなぼくに娘が生まれて数年経ち、仕事も安定してきた頃、

親の気持ちを理解できるようになり、

感謝したいと思うようになりました。


ぼくの父親は寿司屋を開業していたのですが、

仕事一筋で、隣の県にも旅行に行かないような生活をしてきました。

そんな両親に、ぼくが海外で素晴らしい体験をするた
び、
この体験を共有したいと思うようになったのです。

そこである時、「感謝の旅にしよう！」という思いで、
両親と一緒にハワイのマウイ島へ行き、それまでの感
謝の気持ちを込めた手紙を渡しました。

それからは両親との関係性も変わり、今はとても仲の
良い良好な関係を築いています。

親へ感謝を直接伝えるのは、相当高いハードルですが、
感謝したい人がいるというのは、
あなたにとってのチャンス。
今のうちからチャンスを形にしていくと、
周りとの関係性も生き方も変わっていくでしょう。

# しがらみは
# 今すぐにでも
# 解き放てる

> 質問8

# 人生において、
# 犠牲にしていること
# がありますか？

あなたの今の目標は、お金を稼ぐことですか？

ある程度のお金はすでに持っているけれど、もっともっと稼ぎたいと思っているでしょうか。

お金を稼ぐことが、生活の中心になっているでしょうか。

ここで次の質問に答えてみてください。

あなたがもっとも大切にしたいもの・コトは何ですか？
お金をいただくために、何をする必要がありますか？

この二つの質問への答えの整合性がとれていたら良いのですが、
矛盾している場合、
改めてお金との向き合い方を考えてみるとよいかもしれません。

お金を稼ぐことを人生の比重に置いていると、
犠牲にしてしまうことが多くあります。

それこそ、大切にしたいもの・コトすら、犠牲にして
いるかもしれません。


たとえば、家族と一緒に楽しいことを共有することを
大切にしたいと思っているのに、
お金を稼ぐことに忙しすぎて、一緒に過ごす時間が満
足にとれない。
家族との時間を犠牲にして、お金を稼ぐための仕事に
没頭していては、
本末転倒になってしまいます。


そのように、本来は大切にしたいことを犠牲にしてし
まっていると、
後悔を生むきっかけになってしまうでしょう。


何のためにお金を稼いでいるのか。

自分の人生において、本当に大切にしたいことは何なのか。

お金というツールを通して、改めて考えるよい機会かもしれません。

導き出されるもの

# 大切にしたいことと お金を稼ぐことを 矛盾させない生き方

質問 9

# 死ぬ時、
# お金をいくら
# 遺したいですか？
# それはなぜですか？

あなたがこの世を去る時まで、どのくらいの額を稼ぎたいのか。

資産をどのくらい遺したいのか。

これは年代や環境によって、答えが違うのは当然のことです。

それは前提にして、どのくらいの額を遺したいのか、明確な金額と、

その理由をはっきりさせておくことは、

とても重要だと思います。

そもそもお金は、どのくらいあなたの幸せに関わっているでしょうか。

ぼくはハワイに借りている家があるのですが、

ハワイ在住の日本の方たちの中には、数億円するよう

なコンドミニアムや住宅を購入している人もいます。

憧れのハワイに高級な住まいを構えているけれど、

ぼくが現地でお話しした方たちは、何かしら悩みを抱えていました。

話を聞いていても、幸せ感をあまり感じられないのです。

ほかにも、年間売上何十億円という数字を出している方たちの相談に乗る機会も増えました。

そういう方たちも、ぼくのところに相談に来るくらいですから、

何かに悩んでいる。

お金があっても、幸せそうではないなぁと感じることが続きました。

そんな体験をきっかけに、ぼくの中で、

「幸せとお金は、本当は関係ない」

という結論に至ったのです。


30代の頃のぼくはお金がなくて、借金を抱えていました。

それでも、幸せを感じられる日々を過ごしていたんです。

たとえば、地元の山形では50円で温泉に入ってゆっくり過ごせたり、

高級レストランに行かなくても家でご飯を美味しいと感じられたり、

そして家族と「今日も楽しかったね」と、1日の終わりに振り返ることができたり。

お金はなかったですが、当時を振り返ってみても、

幸せだったなと思うのです。

確かにお金があることで、選択肢やオプションは増えます。

ですが、それと幸せを感じる力は関係がありません。

人は、お金がないと、ないことでの不安や不幸せを語ります。

しかしお金があっても、あることでの不安や不幸せを語るもの。

お金があってもなくても幸せには直結しないのであれば、

お金が今の自分の幸せにどのくらい関わっているのか。

自分は幸せを感じる力をやしなっているかどうか。

そこを見つめ直してみると、今、幸せを感じられる生き方ができるはずです。

# 幸せを感じる
# 力をつける

質問10

# 今、
# 死の瞬間を迎えたら
# 後悔が残りますか？

もしあなたが、人生に後悔があるとしましょう。

そんな大それたものでなくても、たとえば、昨日会い

たかった人に会えるチャンスがあったのに、会いに行

かなかったとします。

大なり小なり、「こうすれば良かった」という悔いが
あると、
死ぬに死ねないですよね。
ぼく自身、後悔だらけのまま死を迎えることが、なに
よりも恐怖です。

ここで新たな問いが生まれます。
「後悔なく生きることは難しいのでしょうか？」

そもそも後悔とは、時間軸が前後したことで生まれま
す。
「昨日こうすれば良かった」
「明日、大丈夫かな。もっとこうすれば良かったのかな」
これは、時間軸が前後するがゆえに湧いてくる思いで

すよね。

だからこそ、なるべく常に、時間軸を「今」に戻して
おくことが、
生きるうえでとても大切だと、日々感じています。

　今、どんな景色が見えているかな。
　今、どんな音が聴こえているかな。
　今、どんなことを体感しているかな。

仕事をしている時でも、ご飯を食べている時でも、眠
る時でも、
どんな場面においても、
時間軸を「今」に戻しておくことを意識するだけで、
高確率で幸せになることができるのです。

この「今」を分解すると、「目の前」。

目の前にあるもの・コトを意識するだけで、

幸せを感じる生き方ができるでしょう。


コレは、生き方を変えるというより、

フォーカスを変えるだけで解決できます。


自分の意識はどこにフォーカスしているのか、

知ることがとても大切です。


導き出されるもの

# 時 間 軸 を
# 「 今 」 に 戻 し て 生 き る

COLUMN

# 意識の
# フォーカスを知る
# 「夜の質問」

ぼくが提案する『魔法の質問』には、「夜の質問」というものがあります。

1日を終える時、今日を振り返ってみてください。

その時、次の二つのパターンを質問してみたら、どちらがスルスルと答えられるでしょうか。

Ａ：今日もっとこうすれば良かったことは何ですか？

　Ｂ：今日どんな良いことがありましたか？


この二つのパターンのうち、

Ａパターンの質問のほうがすぐに答えられる、

答えがいくつも出せるという人は、

後悔が生まれやすい意識になっています。

一方のＢパターンの質問に対して、

答えやすい、

たくさん答えられる場合、

後悔は生まれません。


この二つのパターンからわかることは、

意識が「どこにフォーカスしているか」ということ。

それによって、後悔が生まれる・生まれないが決まる

のです。

たとえば、いくら成功しても、いくら高収入があっても、いくら自己実現したとしても、

Aパターンの意識に常にフォーカスしていると、後悔が湧いてきてしまうわけです。

逆に、Bパターンの意識にフォーカスしていたら、後悔は湧いてきません。


だから、常に意識をどこにフォーカスするかによって、

後悔の念を残したまま怖れを感じながら死ぬのか、

それとも怖れも何もなく幸せな死の瞬間を迎えられるのか、

が変わってくるのです。


それを思うと、生きるうえでは意識の在り方がとても大切なんだということができるでしょう。

Bのパターンの意識にフォーカスするには、

Bの質問を繰り返し、し続けること。

質問し続け、答えを出し続けているうちに、

意識のフォーカスが変わってきますよ。

質問11

# 死の直前、
# どんな気持ちを
# 味わいたいですか？

ぼくたちが死を迎える時というのは、

肉体の機能が役目を終えるだけでなく、

感情を自覚できる最後の時にもなります。

その瞬間、あなたはどんな気持ちでいたいでしょうか。

安心でしょうか。嬉しい気持ち？

幸せだなぁという気持ちでしょうか。


感情の種類はたくさんありますが、

基本的には、同時に一つしか感じられません。


その中で、自分がもっとも大切にしたい感情は何かを

考えてみてください。

その感情を味わいながら、最期の瞬間を迎えられたら、

最高ではないでしょうか。


ぼくたちは日頃、事柄や出来事にフォーカスしがちで、

その時の気持ちにフォーカスしにくいものです。


たとえば、富士山の頂上まで登ったとしましょう。

その時、多くの人は、登頂した！

という出来事にフォーカスします。

山道の途中で感じた気持ちや、山頂で感じた感情が必

ずあるはずですが、

そこにはあまりフォーカスせず、登頂できたという結

果に意識が向きがちです。

でもこの時に感じた気持ちこそ、

欲しかったものなのではないでしょうか。


富士山の山頂で何を感じるかは、10人いたら10通り

の気持ちがあることでしょう。

そんな環境にいても、自分がもっとも得たい気持ちっ

て何だろうと深掘りをしてみると、

自分が大切にしたい感情が浮き彫りになってきます。


その気持ちや感情を実現するための行動を、日頃から

やっていくことで、身を置きたい環境も生き方も変わるでしょう。

ぼくの場合、静けさの中で楽しい気持ちを味わいながら、

最期の瞬間を迎えるのもいいなと思っています。

仲間と一緒にいたら、盛り上がって、それはまた楽しい気持ちになりますが、

景色もそこに差してくる光も美しい、静かな環境の中で、

楽しい気持ちを味わえたら、悔いなくこの世を去れるように思うのです。

その気持ちこそ、ぼくが大切にしたい気持ち。

今から日々たくさん感じられるよう、暮らしています。

導き出されるもの

# 感情に
# フォーカスすると
# 生き方も変わる

# 死があるから、
# 今を生きる

質問12

# いつか
# 死ぬのであれば、
# どう生きたい
# ですか？

人はみんな、いつか死ぬ。

このことを、頭と心のどこかではわかっていても、

死を自分ゴトとして意識しているか、していないかで

は、

大きく変わります。

それこそ、子ども時代や10代、20代の頃は、

身近に死に直面する出来事がない限り、普段から死を

意識したりしないでしょうし、

生き方にあまり影響していないと思います。

一方で、常に死を意識していると、生き方に及ぼす影

響として、

良い影響と悪い影響の2パターンがあります。

悪い影響というのは、

「死んだらどうしよう」

という漠然とした不安に包まれているがゆえ、

すべてにおいて怖れの選択をしてしまうこと。

逆に良い影響としては、

「死がいつかわからないけど、死は確実にあるのだから、

残りの人生はこう生きよう」

と、自分なりに行動を選んで生きていくことができる

こと。

つまり、死を意識することで及ぼす影響には2パター

ンある。

死を怖れながら生きるのか、

それとも、

自分で生き方を選択しながら生きるのか。

あなたはどちらの生き方をしていきたいですか？

導き出されるもの

# 生き方は自分で選ぶ

# 死が怖いですか？
# なぜですか？

ぼくの祖母が亡くなった時、不思議と悲しみはありませんでした。

誤解を怖れずに言うと、安心した気持ちが湧いてきたのです。

祖母の手を実際に握ることはもうできないし、

現実におしゃべりができるわけではありません。


でも、ぼくの中では常にずっと生きていて、

より身近な存在になってくれたんだ、と感じたのです。


確かに、人は死ぬと、肉体的なふれ合いはできません

し、

物理的に隣にいることはできません。

でも、肉体がないということは、

逆に、いつでもそばにいると感じることができると思

っています。


だからこそ、自分が死に直面しても、自分の人生が終

わりを迎えるとしても、

ぼくの中には、怖さはありません。

とはいえ、実際にこの世を去った人の“死”の体験談を聞くことはできませんよね。

だから、死がどういうものなのか、どういう経験なのか、

ぼくたちは誰も知り得ません。

だからこそ、漠然とした死への怖さを抱いている人も、少なくないと思うのです。

未知な経験ゆえに、想像するしかない。

その想像の中に、苦しみや悲しみがあると、

死に対して否定的な感情や怖さを感じてしまうのではないでしょうか。

あなたの想像の世界では、死はどのように映っていますか？

# 未知ゆえの怖さを
# 人は抱くもの

# 死の何が
# 怖いですか？

もしあなたが先ほどの質問に、死ぬのが怖いと答えた
のであれば、

死の"何が"怖いのかを、自分に問うてみてください。


ぼくの場合は、死ぬことは怖くはないのですが、

痛いのがイヤです。

痛い思いをしながら死ぬことに怖さはありますが、

死と痛みは、本来セットではありませんよね。


ですので、死ぬことが怖いか問う際は、

痛みがない前提で答えるようにしましょう。


死が痛くも苦しくもツラくもないとしたら、

あなたの中に、死に対してネガティブな思いが残りま

すか?

そのネガティブがどこからきているのか、答えを探っ

てみてください。


人によっては、肉体が動かないことを怖いと思うかも

しれません。

または、自分が死ぬことに対しては怖くないけれど、

残していく家族の将来を思うと不安で怖い、

という答えが出てくる人もいるでしょうか。


この質問の答えを探ると、すでにお話ししたように、

後悔のある生き方とリンクする可能性があります。


怖いということは、イヤだということ。

死にたくないわけです。


つまり、人生に後悔があるから、

死にたくない、まだ生きたい

と思うのです。


もし怖いという思いが少しでも湧いてくるようなら、

その怖さを乗り越えるような生き方にシフトすること

が、

肉体のある今、生きるうえで大切なことだと思います。

先ほどの例でいうと、

肉体が動かないことが怖いのであれば、

肉体があるからこそ体験したいことを、すべて体験し

尽くせるように計画できるかもしれません。

残される家族に対して不安があるなら、

自分が去ったあとも幸せに暮らせるように、今のうち

から現実的にできることを整理しておくこともできる

でしょう。

さらに、常に家族と愛のある関係性を築いておくと、

後悔も残りませんよね。

そのように生きている間に怖さを乗り越えるように取

り組むことで、

後悔のない、そして怖れのない死を迎えることができるでしょう。

導き出されるもの

# 怖さを乗り越える生き方

質問15

# 死に直面した際、思い浮かぶことは何だと思いますか？

みなさんは、日常生活の中で、死を意識する瞬間があるでしょうか。

死に直面するような職業に就いている方であれば、

日々意識されていることでしょう。

でもぼくを含め、死と隣り合わせの環境ではない場合
は、

多くの人が日常で死について考える場面は少ないと思
います。


それでも、ぼくは、常に死を意識しています。

それは、日々を大切に生きることを意識しているから
です。


冒頭でもお話ししたように、

どう生きるかを考えた時、同時に死が自分の中に湧い
てきます。

裏を返せば、死を迎える直前は、

どう生きた人生だったかを回想するひと時になるので

はないかと思うのです。

ぼくはまだ死に直面するような瞬間を体験していないので、
実際どんなことを思い浮かべるのかは、想像の域を出ませんが、
「どんな人生だったかな」と振り返ると思います。

それはイコール、
忘れられない楽しい出来事や、
心が動くような出来事、
愛おしい瞬間がいつだったかを
思い浮かべることでしょう。

だからこそ、そういう瞬間を、
生きている今のうちに、たくさん作っていきたいと思

うのです。

人によっては、すごく劇的な出来事を思い浮かべるか
もしれませんが、
意外にもシンプルに、日常のひとコマを思い浮かべる
ような気もします。

たとえば、美しい夕陽に遭遇した瞬間とか、
子どもの頃に友だちを呼んで家で誕生日会をした記憶、
家族みんなでお出掛けした休日の愛おしい瞬間なども
あるでしょう。
ぼくは、寿司屋だった父親が握ってくれたお寿司が美
味しかった記憶を思い出すかもしれません。

死を迎える際、どんな人生だったと思いたいかな？と
自分に問うことで、

その答えが現実になるような生き方を送ることができ
るでしょう。

導き出されるもの

# 常に死を意識する
# 生き方

質問16

# 死を意識すると、どのように今日の選択が変わりますか？

自分の死を意識するようになると、考え方と行動が変わります。

正確にいえば、行動する前に、考え方が変わります。

今日が人生最後の日だとしたら、

何を選択したら後悔しないだろう。

その考え方が基本となって、すべての行動を選んでいくようになる。

そうすると、

今日という日にとる行動の選択が変わります。

「とはいえ、今日が最後の日だと思っていても、

永遠に生き続けたらどうするんですか」

という意見も出てくるかもしれませんね。

これはぼくが尊敬している先輩のお話なのですが、

その方は、1999年7月に世界が滅亡するという「ノス

トラダムスの大予言」を信じて、

そこをピークとして人生設計して生きていたといいま

す。

だから貯蓄をしてもどうしようもないという意識でい

たのですが、

いざその時になったのに、隕石も落ちてこないし、何

も起きなかった。

先のことを考えずに生きてきたのに、さて、これから

どうしよう、

となったらしいのです。

それでも、生きているし、生きていける。

今日が人生最後の日だという意識で選択するというの

は、

先のことはまったく考えずに究極の選択をしなければ
いけない、

ということではありません。


今日が最後でも、明日以降も日常がやってくるとして
も、

“死”という意識するものがあることで、

自然と生き方の選択が変わってくるのです。

導き出されるもの

# 死への意識が
# ある・ないでは
# 選択が変わる

# 明日
# 死ぬとしたら……?

死を意識することで、自分の考え方や行動がどう変わ

るのか、

簡単に答えがわかる質問があります。


それが、

「明日死ぬとしたら」シリーズ。

「明日死ぬとしたら……」を枕詞に、質問に答えていくと、

自分が本当に大切に思っていること、

大切な記憶、大切な人などが浮き彫りになってくるでしょう。


この質問は、「明日、死にます」ということではなく、

明日も死なない可能性を含みますので、

そのニュアンスで答えてみてください。


質問17

# 明日死ぬとしたら、
# 何を食べたいですか？

知人から教えてもらったのですが、

アメリカの州によっては、刑の執行を控えた死刑囚が「最後の晩餐（Last meal）」として、食事をオーダーできるというシステムがあったそうです。

この話をもとに、最後の食事をオーダーできるとして、自分だったら……
と置き換えて答えてみると、
興味深い答えが出てくると思います。

おそらく、多くの人が、
超高級料理のフルコースなどではなく、
母親が作ってくれた煮物、おむすび、行きつけの定食屋のカツ丼などと答えるのではないでしょうか。
（ご両親や身近な方が超高級料理のシェフだった場合などは、オーダーされるかもしれませんが）

では、なぜそれを最後の食事として食べたいと思うの
でしょう？

その答えに、自分が今、本当に大事にしたいことのヒ
ントが隠れていると思うのです。

ぼくの場合は、父が握ったお寿司を最後に食べたいで
す。
実家が寿司屋だったので、ぼくにとって寿司は特別な
料理ではなく、
ほとんど寿司で育ったようなものでした。
数年前に寿司屋をたたんだので、今は父が握る本格的
なお寿司を食べることはできません。
だからこそ、余計に食べたいなと思うのでしょうし、
あの頃の父の姿と、家族の風景と、寿司の味が懐かし
く思い出されます。

この質問は、飲み会でも盛り上がるネタですし、

その答えから、この人は何を大切にして生きているの

かが読み取れますよね。

質問18

# 明日死ぬとしたら、
# 想いを伝えたい人はいますか？

みなさんは普段からSNSを活用されているでしょうか。

SNSやインターネットを使って、どんなことを発信し

ていますか？

集客のために発信しているという人もいると思います

が、

自分が伝えたい想いをただ発信するという、シンプル

さに立ち戻ることは大切なことだと思います。

その伝えたい想いを、日々つぶやくように発信してい
くだけでも、
伝えたい人にちゃんと届きます。

特にSNSのような場は、自分が発信する想いに共感す
る人とつながっていくのが、
自然の在り方ですよね。
自分が大切にしている想い、大事だと思っていること、
自分が選んだ選択についてなどを発信することで、
大事にしている何かが共通する人とつながる。
そして、応援し合ったり、楽しいことを共有できます。

このような発信は、今すぐにできますよね。

死の間際であっても、日々と同じように発信していたら、

あなたの大切な想いは、届けたい人に届けたい形で届けることができます。


ぼくの場合は、やはり家族に想いを託したいなと思っています。

家族に伝えたい想いとは、

「自分の答えを大事にしてね」。


だからこそ、このような本という形も想いを託す手段の一つと考えています。

またSNSやメルマガを書くことも、

ぼくにとっては、最期の時まで想いを伝えるきっかけ作りだと思っています。

# 明日死ぬとしたら、自分の人生をどう評価しますか？

. . . . . . . . . . . . . . . . . . . . . . . . . . . . . . . . . . . .

人生を評価する時、

「良かった」「良くなかった」の２択しかありません。


そこから、

「どういうところが良かったのか」

「どんなところが良くなかったのか」

と、深く掘り下げていく。


そうすると、自分なりの評価の基準が浮き彫りになっ

てきます。

人生の評価は、決して他人がするものではなく、自分
自身がするもの。

だから、自分なりの基準や評価項目がわかると、

たとえ今はマイナス査定だったとしても、

すぐに軌道修正して良い評価にしていくことができま
す。

人生の評価というと、大きな軸になりますが、

「昨日」「先月」「昨年」に置き換えて評価することも
できます。

小さな軸の積み重ねが、人生という大きな軸につなが
りますから。

シンプルに、「良かった？　良くなかった？」の2択
でまずは評価し、

そこから各々の基準でその評価の理由を答えてみるようにしましょう。

この質問には、みなさん全員に、
「最高の評価！」と答えていただきたいなと思います。
今はまだ即答できなくても、そこを目指して生きていきたいですね。

# 明日死ぬとしたら、今日1日をどのように過ごしますか？

冒頭でお話ししたように、ぼくの朝は、
「今日、後悔しないために、どう過ごそうか？」

という質問からスタートします。


この問いを別の表現にすると、

みなさんにここで投げかける質問になると思います。


「明日死ぬかもしれないし、死なないかもしれない。

死なない保証はないとして、今日をどう過ごす？」


ここで出てきた答えを、生きるようにしましょう。


とてもシンプルで日常的な答えこそが、

今日という日を生きることにつながります。


ぼくの今日は、ヨーロッパの村に滞在中なので、

週に１回開かれているマルシェ（市場）に行って、

地元の人たちと会話をしたりして、楽しんで過ごした

いです。


あなたの今日は、いかがですか？

# 生と死の
# 境界線

質問21

# もし生まれ変わる

# としたら？

死後の世界について、考えることがあるでしょうか。

ぼく自身は、死後は存在しているとは思うけれど、
それについて考える余裕がありません。
なぜなら、命がある"今"に一生懸命だから。

今、幸せになることで精一杯なのです。


ただ、空想の遊びとして、

生まれ変わるならどんな感じがいいかなと考えてみる

のも、

おもしろいし、新たな発見が得られます。


たとえば、

次は女性（男性）として生まれたらどんな人生がいい

だろう、

何を楽しみに生きるんだろう、何を大切に生きている

んだろう。


そうシミュレーションしてみると、

今の自分が本当に大切に想っていること、

理想としていることなどが、浮かび上がってくるかも

しれません。

ぼくがこの質問に答えるなら、

かなり昔に生まれ変わるか、かなり先の未来に生まれ

変わってみたいです。

時間軸を超越して、違う時代を体験した時、

自分はどのように生きるのだろう、と興味はあります。

遊びの一環としてでも答えてみると、

自分が大切にしたい生き方や、

どんな自分として生きていきたいのかが見えてくるで

しょう。

本当に大切に
想っていること、
理想としていること
を浮かび上がらせる

質問22

# 死後の世界で会いたい人に会えたら何を聞きたいですか？

もし死後の世界で会いたい人には誰でも会えるとなっ

たら、

誰に会いたいですか？


きっと自分が好きな人に会いたいですよね。

または、相手は著名な人で、話してみたかった人がい

るかもしれません。


ぼくも、すでに亡くなっている作家の方に、

「あなたの本を読んだけど、本当はどう思っていたの

ですか？」

なんて質問してみたいです。


相手が有名人や著名人でも、身近な人や家族だったと

しても、

その人に向けて、

死後の世界で会えた時にする質問を作ってみるのはおすすめです。

素直に、自分が聞きたいことを挙げてみましょう。
これは、今すぐにでもできることですよね。

そして次のステップとして、その質問を活用して、
自分ならその質問に何て答えるか、考えてみましょう。

相手に向けた質問ですが、その相手のことを想像して、
相手が答えるであろう答えを、自分で答えてみる。
ある意味、相手の考えに憑依するようなイメージで答えてみると、
その答えに、
自分に向けたヒントが隠されていたりします。

すでに亡くなっている人、つまり次元を超えた存在を介して、

自分の深くに眠っている答えが引き出されるかもしれませんよ。

導き出されるもの

# 次元を超えた領域で自分の答えを引き出す方法

質問23

# 死をどのように

# とらえていますか？

人は誰もがいつかは死を迎えますが、

死自体をどのようにとらえているかが、

生き方に影響してきます。


不安や怖れなどの想いから、死をネガティブにとらえ

ていると、

命がある「今」にフォーカスして生きることが難しく
なってしまうからです。


逆に、死をネガティブではないポジションに置いてい
けると、

不安や怖れから生きるのではなく、

死に向かうことすら楽しみにとらえられるようになり
ます。


できるだけ死をポジティブにとらえるようにする秘訣
を、

ここでお伝えしましょう。


それは、

死は必ずやってくるということを知ること。

そして、

「どのように死を迎えたいのか」「どのように人生を終

えたいのか」に対しての、

自分の答えを知っていること、です。


死に対しての答えを出せると、

死の瞬間がくることを怖れることなく、

自分の人生を生ききることができます。


では、どうすれば死に対しての答えを出せるのでしょ

うか。


それには、自分にとって何が大切かを知っていること

が鍵となります。


そこまで自分で答えを出せた時、

「今日、何を大切にして、どんな時間を過ごそうか」
と、自分らしい生き方が見えてくるのです。

自分で答えを出しながら人生を生きることができたら、
いつか必ずやってくる死を、
肯定的に受け入れることができるでしょう。

導き出されるもの

# 死に対しての
# 自分の答えを出す

質問24

死ぬ時に、
今生での記憶を
一つだけ覚えて
いられるとしたら、
どの記憶を
選びますか？

死に対するとらえ方を、ポジティブに変えるために、
効果的な質問があります。

それが、ここであなたにも答えてもらいたい質問です。

これは、不謹慎な言い方かもしれませんが、

死を迎えることが楽しみになる質問だと思っています。

この質問に答えるうちに、

いかに記憶に残しておきたいと思える瞬間を、たくさ
ん作ることができるだろうか、

大切な人とのかけがえのない愛おしい瞬間を、人生に
おいてどれだけ過ごすことができるだろう、

という意識に切り替えることができます。

そして、その大切な記憶を携えて、死の瞬間を迎えら
れるとしたら、

その瞬間は決して怖いものではなくなると思うのです。


ぼくがこの質問に答えるなら、

パートナーと娘との３人旅の記憶を選びます。


どちらかというと、感情が希薄で愛のない人間だった

ぼくに、

愛のエネルギーを吹き込んで、

ロボットから愛のある人間へとしてくれた存在が、

この２人。

愛を教えられた記憶を携えて、死を迎えられるのであ

れば、

死への過程すら楽しめるように思います。

# 死を迎えることが
# 楽しみになる

質問25

# 「戒名」を
# 付けるなら、
# どんな文字に
# したいですか？

仏教の世界では、仏の弟子となったしるしとして新たな名前を授かります。
それを「戒名」といい、位牌や墓石にしるされています。

戒名は自分でも付けることができるそうですが、
もし自分に付けるならどんな名前がいいでしょうか。

ぼくの答えを例にすると、
「□□（全角スペース）」。
空白にしたいです。

この空白は何だろう？　と、
見た人みんなに考えてもらえたらおもしろいなと思うのです。
「ミヒロさんはここに何を入れたかったんだろう」

「ミヒロさんを表すとしたら、この文字がハマるんじゃないかな」

その文字こそ、周りの人が認める、
ぼくの「生きた証」。

生前のぼくとかかわりのあった人はもちろん、
直接会えなかったけれど、ぼくのことを何かで知ってくれていた人、
それぞれが考える言葉を、全角スペースの空白に入れていただけたら、
それが、ぼくが生きた証そのものになります。

戒名を付けたい、もしくはすでに考えているという人もいるかもしれません。
その場合は、その名を体現するような生き方をするこ

とができますよね。

そのように、生きた証をみずから証明する生き方も素晴らしいと思います。

ただ、ぼくのような答えの場合だと、

生きた証が一つとは限らなくなります。

ぼくのことを、いつも旅している人、本を書く作家、

質問をする人、ネットの仕組みを作る人など、

その人によってとらえ方はさまざまです。

10人にぼくの戒名を付けてもらったら、10パターンの文字が出てくるでしょうし、

100人にお願いしたら、100通りの答えが出てくるかもしれません。

相手との関係性において、

ぼくは何を与えることができたのか、

どんな役に立つことができたのか、

というのはそれぞれ違います。


つまり、生きた証というのは、一つにこだわらなくて

いいし、

相手によって答えは異なるということ。


自分の生きた証を一つに絞ろうとすると、

「自分の強みとは何だろう」「その証を証明する自分と

してしか生きてはいけない」などと、

悩みや弊害が生まれてしまう可能性があります。


ですから、生きた証はたくさんあっていいのでは、と

思うのです。

# 生きた証は
# 一つだけではない

質問26

# 死後、自分の名前を覚えていてほしい人は誰ですか？

「戒名」の質問の答えとして、ぼくは「空白」と答えましたが、

同じように、自分の死後にこだわりがないので、

「ぼくのことをこんなふうに覚えていてほしい」

「ぼくの名前を覚えていてほしい」という考えがあり

ません。


強いて言えば、家族が幸せになってくれることがぼく

の願いなので、

家族にとって、

ぼくのことを覚えていたら幸せか、覚えていなくても

幸せか……、

そこはぼくが強要することではないと思っています。


覚えていてほしいというのは、あくまでも、ぼくのリ

クエスト。

ぼくのことを思い出したら幸せだと思ってくれるのな

ら、

そうしてほしいという感覚です。

みなさんにも、

この人には自分のことを覚えていてほしいな、

と思い浮かぶ人がいるでしょうか。


その答えこそ、あなたの大切な人。

その人のことを、今のうちから大切にしましょう。

その人を、喜ばせる生き方をしていきましょう。


「絶対、自分の名前を覚えていてね！」

と強要するだけでは、都合がいい話。

あまりにもそこに執着してしまうと、強い念を残した

ままこの世を去ることになってしまいます。


それよりも、自分の大切な人に対して、

どんな思いやりのある言動を日々積み重ねているか、

どんな関係性を築いているかが大切。

それによって、

自分のことを覚えていてくれるかどうかが決まります

から。

# 大切にしたい人を
# 大切にする生き方

質問27

# あなたの理想の
# 葬儀や葬いは、
# どんなものですか？

人は死ぬと、肉体を持った人間として物理的に隣にい

ることはできませんが、

存在としては、ずっといつでも、近くに感じることが

できます。

だから、前述しましたが、

ぼくとしては大切な故人たちが、

亡くなっているという気持ちに、あまりなっていません。

死後もその人のことを思い出したりするので、近くに
存在していると感じます。

そうすると、やはり生きている間に、

人とどうかかわっていくかが大切になってくると思う
のです。

それを踏まえた時に、自分がこの世を去ったあと、

自分の大切な人たちが自分の存在をどう感じてくれる
のか、

どんなふうにかかわっていたら、自分のことを必要な
時に思い出してくれるのかが、

見えてくるのではないでしょうか。


人によっては、

自分の死をこのように送り出してほしいと、

葬儀のスタイルをリクエストするかもしれません。

または、銅像を建てたり、

形として何かを残してほしいと、

リクエストする人もいるでしょう。


それぞれが理想の最期の形を考えるのは、

残していく大切な人のためにも、大切なことだと思い
ます。


ぼくの場合は、形にこだわりがないタイプなので、

葬儀も埋葬もリクエストなしです。

できれば、何も形に残さないようにしてほしいし、

遺影を飾ったりもしないでほしい。

言ってしまえば、これがリクエストでしょうか。


子どもの頃、お盆に祖父や祖母のお墓参りに行って、

おじいちゃんの話をして、家族みんなで思い出すとい

うこともありました。

大人になって、弔うとはどういうことなのかを考えた

時に、

お墓参りという行為自体ではなく、

その故人を"思い出す"ことなのではないかと、答え

が出たんです。


その人を思い出すには、なにもお墓の前や仏壇の前で

なくても、

いつでもどこでも存在を感じて思い出すことはできる。

大切な故人の話をしたり、思い出したりすることこそ

が、

その人に向けた弔いであり、愛であると、思うのです。


これは残された側の視点ですが、

逆に大切な人たちを残していく立場になって考えてみ

ると、

自分なりの、葬儀や葬いの理想が見えてくるかもしれ

ません。

# 葬いとは
# 愛を向けること

質問28

# 世の中に遺したいあなたの「遺産」は何ですか？

この地球に、この時代に生まれてきた証。

言葉を変えると、自分の「遺産」を、

この世に遺したいという思いがあるでしょうか。

ぼくの例でいえば、

『魔法の質問』をみなさんにお伝えすることで、

「自分で答えを出す」こと、

そして自分で答えを出せる人を増やして、

さらにこの考えを実践し、伝えていく人を生み出して

いることが、

遺産です。


遺産と聞いてもピンとこない人も多いと思います。

大それたことを成し遂げるから遺産になるのではなく、

目の前の小さなことでも、充分にあなたの遺産になり

ます。


たとえば、

ぼくの実家の寿司屋に、毎年お盆の時期になるとお寿

司を注文してくれたご家族がいました。

その方たちからしたら、

「お盆はいつも、あそこのお寿司屋さんに毎年握りを
頼んで、親戚みんなで賑やかに食卓を囲んで楽しかっ
たね」

という記憶として残っているかもしれません。

それも、立派な我が家の遺産だと思うのです。

人を喜ばせることは、その人の記憶に残ること。

その記憶こそ、遺産となるでしょう。

言葉を変えると、

残していく人たちにどのように記憶されたいか、とい
うこと。

この問いを意識すると、その答えに基づいて、

生きている今から、行動が変わってくるはずです。

導き出されるもの

# 人を喜ばせることが
# 記憶になる

# 生きること
# への覚悟

質問29

# いつ死ぬか
# 知りたいですか？
# それは
# なぜですか？

あなたが映画を観ようとしているとします。

ふと、

「１時間36分あたりがクライマックス！」

というコメントが目に飛び込んできました。

その時、どう感じますか？


ぼくの場合は、

「ちょっとちょっと！　それを楽しみにしているんだから、言わないでよ！」

とガッカリしてしまうはず。

中には、ミステリー映画でも小説でも、先に結論やあらすじを知りたいという人もいるのかもしれませんが、ぼくはストーリーのネタバレはしないでほしいタイプです。


これは、人生にも当てはめることができます。

仮に自分が目指している成功地点があったとして、

「あなたは〇年後に成功していますよ」

と、知りたいかどうか、と当てはめて考えることがで

きます。

同じように、

「あなたは〇〇歳で亡くなりますよ」

と知りたいでしょうか。

この質問への答え次第では、

自分の死のタイミングを知ることで、

そこに照準を定めて人生設計したいという人もいるこ

とでしょう。

または、明日以降のことは何も知りたくないという、

ぼくのようなタイプであれば、

ストーリーのピークの瞬間の感動を、サプライズ感覚で味わいたいという気持ちがあるのではないでしょうか。

ぼくが何も知りたくないと答えるのは、
知らないほうが日々を一生懸命生きることができるのでは、
と思うからです。
いつ死ぬかわからないからこそ、
逆にいつ死んでもいいという生き方ができるように思うのです。

もちろん、答えに正解はありません。
ぼくと同じタイプではなくても、同じだったとしても、
その答えの理由「なぜ？」に答えてみてください。

その答えから、人生をどのように設定したいのか、あなたにとっての生き方の道標を見つけることができます。

導き出されるもの

# 生 き 方 の 設 定

質問30

# 死の瞬間、
# どんな最期の一言を
# 言いたいですか？

きっとほとんどの人が、

死を迎える瞬間は、幸せでやすらかな気持ちを感じな

がらその瞬間を迎えたいと思っているのではないでし

ようか。

実際どうなるかは、死の瞬間を迎えないとわからない
ことですが、
願望としては幸せを感じながら、最期の瞬間を味わい
たい、
という人が多いと思います。

人生を終える最期の時、どんな言葉を発して息を引き
取りたいか。

その一言を言うために、
どんな日々を送るのかが決まってきます。

きっと、最期に言いたい一言は、
「もっとSNSのフォロワーを増やせば良かった」

ではないですよね。


たとえば、

「幸せだった」と言って最期を迎えたいのであれば、

幸せを日々感じる人生を生きるようにする。

「楽しかった」と言いたいのであれば、

人生をかけてたくさん楽しさを味わうようにする。


そのために、今日、または今年、何をしますか？

と、問い続けてみましょう。


ぼくは、最期を迎えることを自分で喜べるようになり

たいと思っています。

「本当に素晴らしい人生の幕を下ろせるな」

という喜びで最期を締めくくりたい。

そのために、日々、自分を幸せにすることに集中して

過ごしています。

死を迎える瞬間の一言は、

ある意味、あなたの人生のゴール。

そのゴール設定をすると、

どのように生きたらいいか、指標が見えてくるでしょ

う。

導き出されるもの

# 人生のゴールを
# 決める方法

# 海外の人から学ぶ、生きることを大切にした生き方

ぼくは今、海外と日本を行き来して暮らしているので、海外の現地の人たちの暮らしに触れる機会が多くあります。

その体験から、これまでの価値観が大きく変わりました。

特に、働くことに関して、

カルチャーショックを受けたことがあります。

これは、今のように、数カ月海外に滞在するのではなく、

４泊６日のようなスタイルで旅をしていた頃の話です。


日本人の感覚では、３泊５日でハワイ旅行とか、

弾丸で旅行をすることも普通にあると思います。

ぼくもそうでした。

ある時、旅先で知り合った人に、

「君はどのくらいここにいるんだ？」と聞かれたので、

「４泊だよ」と答えると、

「クレイジーだ！」と返ってきました。

「何をそんなに急ぐことがあるんだい？」


そう反応する海外の人を見て、ぼくのほうが驚きまし

た。

「あれ、ぼくたちのほうが、何か間違っているのかな」

正しいも間違いもない話ではありますが、

「何をそんなに急ぐの？」イコール「何でそんなに働くの？」

という反応だったのです。


確かに、ぼくとしては、３泊のハワイ旅行も当たり前にみんながしているから、それが普通の感覚だったけど、

考えてみたら、何でそれしか休めないのだろう。

そもそも、何のために働いているのかな。

何のために働いているのかとはつまり、

どのように生きるのかに直結している。

もし３泊しかハワイを楽しめないような状態で死んでしまったら、

それは後悔するかしないかでいったら、後悔するだろう。

ここで一つ価値観が崩れました。

それから、後悔しないような生き方を追求するようになり、
行きたい場所に行って、数カ月単位で過ごすスタイルを今も維持しています。

海外の人と実際に「死」をテーマに語り合ったことはないですが、
その暮らしを見ていると、
「今」をどのように生きるのかを大切にしていると感じます。

たとえば、南仏の小さな村に滞在していた際、

村の小さな商店街に行ったのですが、お昼の時間帯は

すべての店舗が閉まっていました。

お昼休憩をとるシエスタという文化は、よく知られて

いますよね。

日本だったら、お昼の時間帯こそ休憩時間の人が多い

のだから、お店を開けて、売上を確保しておかないと、

来月分の生活費が稼げないかもしれないと、

"先"を心配しますよね。

でも、その村の人たちは、"今"がとても重要。

だから、お昼休憩は家族と一緒にお昼を食べて過ごす

ことを大切にしていました。


今、何が大切で、今、どのように生きるか。

生きることを大切にする生き方のヒントが、ここにあ

るように思います。

質問31

# 叶えたい夢のために生きていますか？

～～～～～～～～～～～～～～～

「あなたの夢は何ですか？」

と聞かれたら、何て答えますか？

ぼくが今まで出会ってきた人に、この質問を投げかけ

ると、

100％の確率で、今の暮らしではない、まだ叶っていないことを夢として答えます。

ここからは、ぼくの海外の友人の話です。
スペインでサッカー選手を育成するコーチの仕事をしている彼と、現地で食事をしていた時のこと。
彼に、「君の夢は何？」と質問すると、彼はこう答えました。

「大自然の中に住んで、朝は大好きな山をランニングして、毎食家族と一緒に食事をして、サッカーのコーチとしてたくさんの人とかかわること」

「んん？　それ……まさに君の今の生活じゃない？」
ぼくは彼のライフスタイルを知っていたのですが、
夢として答えた生活を彼はすでに生きていました。

「あぁ、そうだよ。今している生活、これが僕の夢な
んだ」

今の暮らしが自分の夢そのものだという答えに、
ぼくは衝撃を受けたのです。

彼の答えを紐解いていくと、
もっと先を見る、もっと高い目標を掲げるということ
にフォーカスしていないことがわかります。
フォーカスが、「今」に合っている。
だから、今がとてもハッピーなら、それこそが夢だと
いうのです。

それまでのぼくは、
夢というのはこれから叶えるものであって、
「こうなるといいな」というところにフォーカスして

いたことに気付きました。

友人が教えてくれた夢の在り方で生きられた時、
死を迎える直前までずっと、
幸せ度の高い人生を送ることができるのでしょう。

導き出されるもの

# 夢を生きる生き方

質問32

# 何のために
# 生きていますか？

ぼくが20〜30代の時、

前述した表現で言うと、"感情が希薄で愛のない"ロ

ボット人間だった頃、

基本的に仕事しかしていませんでした。

楽しいかどうか、幸せかどうかよりも、

うまくいくかどうかが大事な時期だったのです。

ある意味で、精一杯生きてはいましたが、

当時のぼくに「何のために生きているの？」と尋ねても、

「働くために生きている」と答えるか、

もしかしたら、何も答えられなかったかもしれません。

もちろん今も、働くことは大好きですし、精一杯生きていますが、

当時とは質が違う生き方をしていると感じます。

ロボットのように仕事ばかりして生きていた頃は、

"働いている感"や"忙しい感"はありましたが、

感情が働いていませんでした。

だから、"生きている感"もないに等しかったのです。

後悔しない生き方へとシフトした今は、

幸せだな、楽しいな、心地よいなという瞬間を感じる

ために生きています。

それはつまり、自分が生きたいように生きるというこ

と。


だから今のぼくは、

"生きている" と感じるために生きています。


「何のために、生きるのか」

「生きるために、どう生きるか」

という質問に対しての自分の答えを出して、

自分の人生を生きる！　と決める。


それができた時、

「自分は生きている」

と、本当の意味で実感できるのではないかと思うので
す。

導き出されるもの

# 生きるために生きる

質問33

# 死があることで、
# あなたの人生は
# どう変わりますか？

もし不老不死になれる魔法があったとしたら、

あなたはその魔法にかかりたいですか？

死ぬことなく、ずっと生き続けたいと思うでしょうか。

ぼくの答えを言ってしまうと、

どちらでもいい、です。

どんな時代でも飽きずに生き続けられると思いますし、

そのつど、自分が何をして生きたいかを、探し出す自

信はあります。

でも、今の人間のように、普通に死を迎える人生でい

い。

だから、絶対、不老不死になりたいとは、あまり思い

ません。


終わりのあるものだからこそ、美しさを感じる。


終わりがあるから、刹那的だったり、儚さがあるから

美しい、

と思う心が人にはあるのでしょう。

花も、時期が来れば散ってしまいますが、

花の命がある時の、堂々と咲き誇る様を、人は美しい
と感じます。

もしかしたら、ぼくたちも、

死があるからこそ、生きることを美しい、

生きることには価値があると思えるのではないでしょ

うか。

終わりなくダラダラと生きていたら、

一瞬一瞬を大切にしなくなるかもしれません。

やりたいことがあっても、

「いつでもできるからいいか」と、延々と先延ばしに

してしまうでしょう。

それでは自分の夢を一生、生きることができません。

日々生きている時間にこそ、価値がある。

そう思えるのは、やはり「死」があるからこそだと思うのです。

「死」を、生きることへのスイッチにする。
そうすると、生きる覚悟が決まるでしょう。

導き出されるもの

# 終わりがあるからこそ美しい

# おわりに

ここまでお読みいただき、ありがとうございます。

この本をきっかけに、残りの人生が楽しくなったら幸

いです。


今年、スペインのバルセロナにいる時に、

「父が倒れた」という連絡が入りました。


緊急入院があったものの

大事には至らず、少しほっとしました。

そしてすぐに日本に帰ろうと準備をしていました。


意識を取り戻した父は、

「日本にはすぐ戻らなくていい、自分の暮らしを続け
なさい」
と、言葉をくれました。

この言葉を受けて、改めて日々を後悔のない時間にし
ようと決意したのです。

毎日は何気ない暮らしですが、
その暮らしの中の行動すべてにおいて後悔のない選択
をしています。

そして日本に戻ってきてからは、父にも同じことを伝
えました。
身体は決して万全な状態ではないので、

「いつ死んでもいいように、後悔のない日々を送って

欲しい。

そのために、ぼくができることがあったら何でもする」

父は、どこかへ行ってみたいとか、こんなことをやりたいという想いはそれほど強くなく、毎日を何気なく気兼ねなく家族で暮らす、ということを大切にしています。

何か新しいことをやってみたい、ではなく
いつもと同じことを、いつもどおり。
それが幸せであるということも、教わった瞬間でもありました。

ですので、父は今日も散歩しておうち時間を楽しむということを、
存分に味わっているはずです。

いつか来る「死」があるからこそ

「どのように生きたいか？」
「今をどう過ごしたいか？」

を、自分に問い、答え、行動し続けていきたいです。

この答えを毎日出しているおかげで、
ぼくは、すっかり楽しい人生になっています。

あなたの残りの人生が、とてつもなく楽しい日々になりますように。

沖縄の夕暮れの空を眺めながら

マツダミヒロ

■ 著者プロフィール

## マツダミヒロ

質問家兼ライフトラベラー。時間と場所にとらわれないビジネススタイルで世界を旅しながら、各国で「自分らしく生きる」講演・セミナー活動を行う。カウンセリングやコーチングの理論をベースに、自分自身と人に問いかけるプロセスを集約し、独自のメソッドを開発。質問に答えるだけで魔法にかかったようにやる気と能力が引き出され、行動が起こせるようになることから、『魔法の質問』と名づける。メルマガの読者は20万人を超え、夫婦で行っているラジオ番組「ライフトラベラーカフェ」(Podcast) は、アップルのベスト番組に選ばれ、30万人を超えるリスナーがいる。『朝1分間、30の習慣。ゆううつでムダな時間が減り、しあわせな時間が増えるコツ』(すばる舎)、『理想の自分、自分の強みを見つけて生まれ変わる!魔法の質問見るだけノート』(宝島社) など著書は国内外で40冊を超える。

生きるのが楽しくなる
死の質問

| 2023年12月5日 | 初版発行 |
|---|---|

| 著者 | マツダミヒロ |
|---|---|
| 発行者 | 鴨頭 嘉人 |
| 発行所 | 株式会社 鴨ブックス |
| | 〒170-0013 東京都豊島区東池袋 3-2-4 共永ビル7階 |
| | 電話 03-6912-8383 |
| | FAX:03-6745-9418 |
| | e-mail:info@kamogashira.com |
| デザイン | 松田喬史(Isshiki) |
| イラスト | かさはらりさ |
| 編集協力 | 澤田美希 |
| プロデュース | 山本時嗣 |
| 校正 | 株式会社ぷれす |
| 印刷・製本 | 株式会社 光邦 |

**" 書籍で紹介できなかった秘訣 "**

# 読者限定
# 無料プレゼント

**Present !**

『死の質問』出版記念講演動画

本書では語りきれなかったことを含めて著者が直接
解説した講演の動画をプレゼントいたします。

こちらの QR コードよりアクセスしてください

▼

https://hs.shitsumon.jp/dieq